MUST READ

ANALISI DEL LIBRO

AF126357

Oscar
e la dama rosa

· · · · · · · · · · · · ·

Éric-Emmanuel Schmitt

ANALISI DEL LIBRO

Scritto da Laure de Caevel
Tradotto da Sara Rossi

Oscar
e la dama rosa

ÉRIC-EMMANUEL SCHMITT

MUST
READ

La conoscenza a portata di mano!

MUST READ

MUST READ ANALISI DEL LIBRO
La principessa di Cleves
MADAME DE LAFAYETTE

MUST READ ANALISI DEL LIBRO
Uomini e topi
JOHN STEINBECK

MUST READ ANALISI DEL LIBRO
Il conte di Montecristo

KARL MARX

THE SWOT ANALYSIS

Popular titles

Knowledge at your fingertips

www.50minutes.com
Ripassate i vostri argomenti preferiti con i nostri titoli pratici

ÉRIC-EMMANUEL SCHMITT

SCRITTORE FRANCO-BELGA

- **Nato a Sainte-Foy-lès-Lyon (Francia) nel 1960.**
- **Opere degne di nota:**
  - *L'ipotesi alternativa* (2001), romanzo
  - *Ulisse da Baghdad* (2008), romanzo
  - *Tre donne allo specchio* (2011), romanzo

Éric-Emmanuel Schmitt è uno degli autori francesi più letti al mondo. È nato nel 1960 e vive a Bruxelles. Prima di diventare scrittore, ha conseguito con successo un'*agrégation* (un concorso altamente selettivo per insegnanti) in filosofia. Ha iniziato la sua carriera di scrittore in teatro con *Don Giovanni in prova* (1991), una variazione sul mito di Don Giovanni, e *Il visitatore*, una pièce in cui Freud (neurologo austriaco, 1856-1939) viene visitato da un uomo enigmatico che afferma di essere Dio. Oltre a scrivere per il teatro, Schmitt ha lavorato anche a libri (*The Alternative Hypothesis*, 2001), racconti (*The Most Beautiful Book in the World*, 2006) e persino a un romanzo autobiografico (*My Life with Mozart*, 2005). Di recente è passato dietro la macchina da presa per adattare due dei suoi libri per il cinema, uno dei quali è *Oscar e la dama rosa*.

OSCAR E LA DAMA ROSA

UNA MONTAGNA RUSSA DI EMOZIONI

- **Genere**: romanzo
- **Edizione di riferimento**: Schmitt, É.-E. (2002) *Oscar et la Dame rose*. Parigi: Magnard
- **1° edizione**: 2002
- **Temi**: malattia, religione, ospedale, infanzia, vita, morte

Oscar e la dama rosa, pubblicato nel 2002, fa parte del Ciclo degli invisibili, una serie di romanzi che hanno come protagonisti bambini alle prese con credenze diverse. Attraverso le conversazioni tra un bambino e un personaggio più grande, Schmitt mostra come la spiritualità possa aiutare una persona a vivere una vita piena.

Attraverso una serie di lettere scritte a Dio, ci viene presentato Oscar, un ragazzino malato di cancro. Inizia a scrivere queste lettere su consiglio di Nonna Rose, un'anziana donna incaricata di confortare i bambini malati, con cui fa amicizia. Oltre a scrivere di spiritualità, Schmitt affronta mirabilmente il difficile tema dei bambini ricoverati in ospedale senza scadere nel melodramma.

SINTESI

INFANZIA IN OSPEDALE

Oscar è un bambino di dieci anni con una grave malattia che lo confina in ospedale. È lì che incontra Nonna Rose, un'ex lottatrice soprannominata "la strangolatrice della Linguadoca". Dopo la recente operazione, il ragazzino ha la sensazione che tutti intorno a lui gli nascondano qualcosa, tranne Nonna Rose. Lei è l'unica abbastanza onesta da dirgli che il suo trapianto di midollo osseo non è riuscito. Notando che si sente solo, gli suggerisce di scrivere delle lettere a Dio per sentirsi meno solo e per sfogarsi. Gli suggerisce inoltre di esprimere un desiderio al giorno. Il primo desiderio di Oscar è di avere una risposta alla seguente domanda: "Migliorerò?".

Purtroppo la risposta è no. Oscar se ne rende conto dopo aver trovato i suoi genitori, che di solito vengono a trovarlo solo la domenica, in ospedale in un altro giorno. Mentre origlia dalla porta, Oscar sente il dottor Düsseldorf dire loro che non si può fare più nulla. I genitori, sconvolti, se ne vanno senza trovare il coraggio di vedere il figlio. Oscar si chiude accidentalmente in uno sgabuzzino e, quando viene ritrovato, l'unica persona con cui vuole parlare è nonna Rose. Le racconta ciò che ha visto e lei gli consiglia di scrivere di nuovo a Dio. Gli suggerisce anche di vivere ogni giorno come se fosse un decennio, per poter vivere una vita piena. Alla fine di questa giornata, Oscar ha quindi dieci anni. Il giorno dopo, i genitori vengono a trovarlo con un grande regalo: il CD de

Lo Schiaccianoci (balletto del compositore russo Tchaikovsky, 1840-1893). Non possono ammettere di essere venuti in ospedale il giorno prima, così Oscar rimane in silenzio e si ritira nella sua musica. È un po' sorpreso quando è il momento di dirsi addio e la madre si getta tra le sue braccia, ma non reagisce.

Poi diventa adolescente e si innamora di Peggy Blue (così chiamata per la sua pelle blu; ha una malattia che ostacola l'afflusso di sangue alle guance, che quindi non ricevono abbastanza ossigeno e assumono un colore bluastro). Nonna Rose lo incoraggia a dire a Peggy che la proteggerà dai fantasmi durante la notte. Tuttavia, Pop Corn (il cui soprannome deriva dalla sua obesità) sostiene che Peggy vuole che sia lui a proteggerla. Quando Oscar se ne va, sconfitto, si imbatte in Sandrine, chiamata la Ragazza Cinese (perché è malata di leucemia e ha una parrucca nera e liscia). La ragazza lo bacia, cosa che Oscar trova disgustosa. Più tardi, Nonna Rose lo manda a confessare i suoi sentimenti a Peggy. In realtà, Peggy vuole che lui la protegga dai fantasmi, non Pop Corn. Il desiderio di Oscar è quello di sposare Peggy.

ETÀ ADULTA

Quella notte, Oscar sente delle urla e si precipita in aiuto del suo amato. Tuttavia, si rende conto che le grida provengono in realtà dalla stanza di Bacon, un ragazzo con gravi ustioni che continua a soffrire nonostante le creme e gli innesti di pelle che i medici gli somministrano. Anche Peggy, che crede che sia Oscar a gridare, accorre. I due finiscono per incontrarsi e lei gli chiede di passare la notte con lei, cosa che lui accetta. Durante la notte, i due bambini si sposano. Il giorno dopo, le infermiere non sono troppo felici di trovare i due bambini insieme, ma Nonna Rose riesce a sdrammatizzare la situazione.

Pochi giorni dopo, Peggy deve subire un'operazione e Oscar le augura di prendere bene il risultato, qualunque esso sia. Oscar è ansioso e si arrabbia per il fatto che i bambini siano malati. Nonna Rose gli dice che anche le persone in buona salute hanno problemi, si sentono giù e attraversano momenti difficili. Oscar le chiede allora di adottarlo, come ha già fatto con il suo vecchio orsacchiotto il giorno in cui i genitori gliene hanno regalato uno nuovo.

L'operazione di Peggy va bene. I suoi genitori dicono a Oscar che contano su di lui per proteggerla.

Il giorno dopo, nonna Rose porta Oscar nella cappella dell'ospedale. È sorpreso nel vedere la statua di Cristo con la corona di spine e i chiodi conficcati nelle mani e nei piedi. È disgustato e dice che, se fosse Dio, eviterebbe la sofferenza. Nonna Rose gli spiega che esistono due tipi di sofferenza: la prima è quella fisica, che ci viene imposta, mentre la seconda è quella emotiva, che scegliamo di patire.

Con il passare del tempo, iniziano a comparire i segni di una crisi di mezza età e le preoccupazioni che ne derivano. Pop Corn racconta a Peggy che Oscar ha baciato la ragazza cinese. Anche se è successo prima che stessero insieme, la ragazza è triste e mette fine alla loro relazione. Oscar, sconvolto, si lascia baciare da Brigitte, la ragazza con la sindrome di Down. Nonna Rose gli consiglia di dire a Peggy quello che prova, per rimediare al suo stupido comportamento. La mattina dopo,

Oscar fa proprio questo: le dice che lei è l'unica che ama e la ragazza lo perdona.

Per evitare di passare un brutto giorno di Natale con i suoi genitori, progetta la sua fuga: i suoi amici lo portano nel bagagliaio dell'auto di Nonna Rose per poter partire con lei. Più tardi, la nonna lo trova sulla soglia di casa ed è scioccata. Gli spiega che i suoi genitori sono molto preoccupati perché non riescono a trovarlo. Oscar replica che si sente come se pensassero che lui sia un mostro. Nonna Rose gli fa capire che loro hanno paura della malattia, non di lui, e che anche loro un giorno moriranno e saranno perseguitati dal rimpianto se non faranno pace con lui. Oscar accetta infine di trascorrere il Natale con i suoi genitori a casa di nonna Rose. Guardano insieme una partita di wrestling e trascorrono un Natale felice.

VECCHIAIA

Ora che ha più di 60 anni, Oscar comincia a essere stanco. Trascorre la giornata ascoltando *Lo Schiaccianoci* e desidera che Dio torni a fargli visita.

Quando raggiunge gli 80 anni, inizia a riflettere. All'inizio della giornata, Oscar pianta la sua pianta di Sahara, un regalo di Natale di nonna Rose che vive solo un giorno.

Ha letto il *Dizionario Medico* con Peggy e si stupisce che non ci siano le voci "vita", "morte", "fede" e "Dio", che secondo lui sono le parole più importanti di tutte. Nonna Rose gli spiega che è perché non hanno un significato fisso e definito.

Alla fine della giornata, un dottor Düsseldorf dall'aria molto abbattuta si presenta nella sua stanza. Oscar gli dice che non deve sentirsi in colpa quando dà cattive notizie alle persone, perché non è lui il colpevole, il che fa rallegrare il dottore.

Poco dopo, Peggy deve tornare a casa. Oscar è triste e incolpa Dio, che viene a fargli visita. Il ragazzo lo vede nel sole che sorge: Dio gli fa capire che deve guardare ogni cosa come se la vedesse per la prima volta e che la felicità è proprio questo. Il suo desiderio per quel giorno è che i suoi genitori e Peggy possano provare la stessa cosa.

Oscar ha ormai 100 anni e diventa filosofo. Spiega a Dio che la vita è un dono. All'inizio pensiamo che durerà per sempre. Poi scopriamo che non dura quanto pensavamo. Infine, ci rendiamo conto che ci è stata data solo in prestito e che ora dobbiamo restituirla e dimostrare di averla meritata. Purtroppo, Oscar è sempre più stanco. Questa è la sua ultima lettera.

La successiva è firmata da Nonna Rose, che comunica a Dio la morte di Oscar. È molto triste e gli racconta tutto ciò che il ragazzo le ha fatto provare e sperimentare. Nel poscritto gli confida che, negli ultimi giorni, Oscar aveva affisso alla sua porta un cartello con la scritta "Solo Dio ha il diritto di svegliarmi".

STUDIO DEL CARATTERE

OSCAR

Oscar è un bambino di dieci anni che soffre di una grave malattia. Nonostante gli sforzi dei medici dell'ospedale, la sua salute non migliora e ben presto scopre che gli restano solo pochi giorni di vita. Anche se i suoi genitori, che vengono a trovarlo una volta alla settimana, evitano di affrontare l'argomento davanti a lui, e anche se va d'accordo con gli altri bambini del reparto, comincia lentamente a capire la gravità della sua malattia e deve imparare ad accettarla.

In questo è aiutato dalla presenza rassicurante di Nonna Rose, una visitatrice che gli suggerisce di vivere i suoi ultimi giorni come se fossero dieci anni. Un po' alla volta, il ragazzino inizia a stare al gioco: si innamora, sperimenta il primo dolore al cuore, si riconcilia con l'anima gemella, riflette sul senso della vita e della morte, e così via. L'anziana donna gli insegna anche ad accettare il suo destino introducendolo alla spiritualità cristiana, che gli rende più facile affrontare la sua sofferenza e quella di chi lo circonda. Sebbene all'inizio sia preso dalla rabbia, finisce per calmarsi e smette di sentirsi in colpa per non essere guarito. In questo modo, attraversa le diverse fasi del dolore e viene a patti con l'avvicinarsi della morte, o meglio impara a temerla nel modo più sereno possibile per il bene dei suoi genitori e di se stesso. Con il passare delle pagine, il lettore assiste quindi alla trasformazione del ragazzo: da bambino ingenuo a persona insolitamente calma e matura per la sua età.

NONNA ROSA

Nonna Rose, un'anziana visitatrice dell'ospedale, si presenta a Oscar come un'ex lottatrice, il che spiega il suo linguaggio a volte volgare. È molto onesta e non esita a dire ciò che pensa, sia quando fa la predica alle infermiere sia quando parla di Dio a Oscar. Usa tornei di wrestling e avversari inventati per spiegare al ragazzo come vede la vita. L'obiettivo di Nonna Rose è far accettare a Oscar la sua morte, in modo che lasci questo mondo nel modo più dolce possibile. Essendo più anziana e più esperta, sembra più credibile agli occhi di Oscar. Per convincerlo, utilizza metodi didattici e una cosa chiamata dialettica, che è un metodo di ragionamento fatto di domande e risposte.

 ## DIALETTICA

La dialettica è stata utilizzata nell'antichità da Socrate (filosofo greco, 470-399 a.C.) nei dialoghi scritti dal suo discepolo Platone (filosofo greco, 427-348/347 a.C.). È legata alla maieutica, che etimologicamente significa "arte di partorire", un metodo che Socrate utilizzava per permettere all'interlocutore di "partorire" la vera conoscenza che ha dentro di sé. Il filosofo lo faceva con un semplice gioco di domande, che portava l'interlocutore a notare le contraddizioni interne presenti nelle sue idee.

I GENITORI DI OSCAR

Oscar considera i suoi genitori dei codardi perché non riescono ad affrontare la sua malattia. Ha l'impressione che lo vedano come un mostro da quando il trapianto di midollo osseo è fallito. A lui sembrano incapaci di avere rapporti umani. In realtà, però, sono semplicemente smarriti: non sanno come affrontare la situazione o spiegare al figlio di dieci anni che gli restano solo pochi giorni di vita.

La situazione migliora a Natale, quando scoprono che Oscar è consapevole della morte e ha accettato l'idea che presto li lascerà. In seguito, tornano a essere come prima che il loro bambino si ammalasse.

BAMBINI RICOVERATI IN OSPEDALE

I bambini ricoverati in ospedale non sono poi così diversi dagli altri bambini, anche se tendono a crescere più rapidamente perché si trovano di fronte a realtà che normalmente vengono tenute nascoste ai bambini.

In *Oscar e la dama rosa*, ogni bambino ha qualcosa di unico. Tutti hanno anche un cognome spiritoso dato loro dal gruppo: Pop Corn, nove anni, pesa 98 kg; Einstein ha una strana testa piena d'acqua; Bacon è una vittima di ustioni e Peggy Blue (il cui nome ricorda Peggy Sue) ha la pelle bluastra, perché il suo sangue non riceve abbastanza ossigeno.

 PEGGY SUE E I FANTASMI

Peggy Sue et les Fantômes ("Peggy Sue *e i fantasmi*") è una serie di libri per giovani adulti con elementi fantasy di Serge Brussolo (scrittore francese, nato nel 1951). Il primo libro è stato pubblicato nel 2001 e ad oggi sono dodici i libri della serie. Raccontano la storia di una bambina che può vedere i fantasmi con l'aiuto dei suoi occhiali, il che porta a ogni sorta di avventura fantastica.

DIO

In *Oscar e la dama rosa*, Dio è più un confidente per Oscar che una forza onnipotente. Ciò significa che Oscar non guarirà e che Dio non lo guarirà. Nonna Rosa dimostra che il Dio cattolico è un Dio che soffre e può quindi comprendere il dolore delle persone.

In nessun momento obbliga Oscar a credere, ma gli mostra ciò in cui lei stessa crede. Inoltre, all'inizio della storia, il bambino afferma di essere agnostico e di non sapere se crede in Dio (anche se questo punto di vista è un po' paradossale, visto che gli scrive). Oscar ha l'impressione che Dio sia solo un'altra invenzione degli adulti, come Babbo Natale. Tuttavia, man mano che la storia si sviluppa, comincia a sentirsi sempre più vicino a Lui e finisce per considerarlo un amico. Di tanto in tanto, Dio si fa vivo per mostrargli che dobbiamo sfruttare al meglio ciò che abbiamo, e gli fa anche capire alcune verità.

ANALISI

IL CICLO DELL'INVISIBILE E L'ISPIRAZIONE PER IL LIBRO

Oscar e la dama rosa è il terzo libro de "Il ciclo dell'invisibile", una serie di libri dedicati alla religione. Gli altri libri sono *Milarepa* (1997), *Monsieur Ibrahim e i fiori del Corano* (2001), *Il figlio di Noè* (2003), *Il lottatore di Sumo che non riusciva a prendere peso* (2009) e *Dieci figli che la signora Ming non ha mai avuto* (2012). Ognuno di essi si concentra su una religione e illustra quanto essa influenzi i destini dei personaggi. Infatti, i personaggi sono portati a riflettere sulle loro vite e su cosa dovrebbero fare in base alla religione che trovano.

Tuttavia, *Oscar e la dama rosa* è un caso particolare, in quanto ispirato all'esperienza personale dell'autore. Da bambino, Schmitt era spesso in ospedale, a volte accompagnando il padre fisioterapista, a volte come paziente, a volte al capezzale di parenti malati. Proprio come Oscar, conosceva la sofferenza e la morte e poteva notare l'effetto che avevano sui malati e sulle persone a loro vicine.

Ma la vera causa scatenante è stata la grave malattia che l'autore stesso ha affrontato e alla quale è sopravvissuto. Questo gli ha fatto capire che accettare la sofferenza e la morte è fondamentale quanto la volontà di guarire. Oscar è quindi sia la sua creazione che il suo modello: grazie all'aiuto di Nonna Rose, degli altri bambini e della spiritualità, Oscar è in grado di distinguere ciò che è essenziale da ciò che non lo è e di dominare la sua sofferenza come l'autore stesso vorrebbe fare se si trovasse nella stessa situazione.

MALATTIA E MORTE

Il rapporto dei bambini con la morte

La malattia di Oscar lo costringe a vivere in ospedale. Schmitt presenta questo tema in modo morbido e sobrio, ma ciò non impedisce al lettore di rendersi conto di quanto i bambini sani siano davvero fortunati: non devono lottare contro i fantasmi — un'abile metafora del dolore — e possono godersi la loro vita familiare.

Il rapporto che i bambini ricoverati hanno con la morte li fa maturare più rapidamente. Hanno paura come gli altri bambini ma, dovendo convivere quotidianamente con la morte, finiscono per superare la loro paura.

La malattia e la morte vanno di pari passo con la sofferenza. Oscar non si sofferma sui suoi dolori nelle sue lettere. Il massimo che dice è che si sente molto stanco e che dorme molto. Tuttavia, la sua sofferenza è molto reale e deve conviverci. Quando nonna Rose accompagna Oscar nella cappella dell'ospedale, spiega la distinzione che fa tra la sofferenza fisica, che siamo costretti a subire, e la sofferenza emotiva, che scegliamo di subire. In questo caso, l'autrice sottolinea che se riusciamo a superare le nostre difficoltà e a scegliere di essere felici, non dovremo soffrire emotivamente.

Il rapporto dei genitori con la malattia dei figli

Per i genitori di Oscar è molto difficile affrontare l'argomento della sua malattia. Questo è particolarmente difficile da affrontare per Oscar, che sente di dover soffrire da solo della sua malattia. Inoltre, una volta appreso che la terapia del ragazzo non funziona e che gli restano solo pochi giorni di vita, si rifiutano di dirglielo. Decidono di tornare subito a casa, incapaci di trovare il coraggio di guardarlo negli occhi. Questo spacca la famiglia: Oscar rifiuta i loro maldestri tentativi di affetto e li considera "vigliacchi".

Tuttavia, è chiaro che stanno attraversando le diverse fasi del lutto. Innanzitutto, si rifiutano di credere che un bambino piccolo possa essere malato, tanto più che il bambino in questione è il loro. Tuttavia, di fronte a questa inevitabile verità, non hanno altra scelta che scendere a patti con la sua morte imminente. La loro sofferenza è reale quanto quella di Oscar, perché si aspettano la morte di una persona cara e sono pienamente consapevoli che soffriranno ancora di più per ciò che verrà dopo. Tuttavia, il lettore non ha accesso diretto ai sentimenti dei genitori di Oscar. Può solo intuire come stanno affrontando la situazione attraverso i pensieri del ragazzo e il modo in cui li percepisce. È quindi il loro silenzio che vediamo più di ogni altra cosa.

La situazione migliora il giorno di Natale, quando scoprono il figlio a casa di nonna Rose e capiscono che Oscar sa cosa gli riserva il destino. Riescono quindi a condividere il suo dolore, che paradossalmente lenisce la loro stessa sofferenza.

Uno stile scritto e teatrale

Nel suo romanzo, l'autore utilizza uno stile piuttosto familiare, il che è logico se si considera che il libro è composto da lettere scritte da un bambino di dieci anni. Oscar tratta quindi Dio quasi come un amico, usando espressioni colloquiali e giri di parole: "Ti avverto subito", "Mi avevano già fatto questo scherzo", e così via. Troviamo anche molte affermazioni ("È... quello/quella") e abbreviazioni ("dottori", "chemio" e così via).

Questo registro familiare rende il romanzo più realistico e crea un effetto comico che si riflette nella scelta dei soprannomi per i bambini malati (Pop Corn, Bacon).

Il romanzo presenta anche alcuni elementi che normalmente si trovano solo nelle opere teatrali:

- la suddivisione del romanzo in lettere è simile alla suddivisione delle opere teatrali in scene e atti. Inoltre, come le scene delle opere teatrali, queste lettere iniziano e finiscono con l'entrata o l'uscita di un personaggio. Ad esempio, la seconda lettera si apre con l'arrivo di Pop Corn e la dodicesima si chiude con l'addio di Oscar;

- la storia presenta molti colpi di scena, nonché effetti drammatici ed eventi improvvisi, in particolare con la fuga del tutto inaspettata di Oscar a casa di nonna Rose il giorno di Natale e la visita di Dio alla fine della storia;

- i dialoghi sono numerosi e in gran parte hanno la forma di stichomythia (una serie di brevi risposte) seguiti da tirades (lunghe risposte che permettono di sviluppare un personaggio);

- la storia rispetta più o meno le unità classiche del dramma:

  - il romanzo si svolge nell'arco di 12 giorni, un periodo di tempo breve, anche se molto più lungo dell'unità di tempo classica (nel XVII secolo, l'azione di una commedia doveva svolgersi entro 24 ore);

  - gli ultimi giorni di vita di Oscar sono quelli in cui si svolge l'unica azione principale del romanzo, in linea con l'unità d'azione;

  - la maggior parte della storia si svolge in ospedale, uno spazio ristretto che si adatta all'unità del luogo.

FILOSOFIA EPICUREA

Il romanzo può essere visto anche come un racconto filosofico: il protagonista attraversa ogni sorta di prova che lo fa crescere e lo porta a porsi domande filosofiche. Inoltre, la storia si chiude con una morale: bisogna vivere ogni giorno come se fosse l'ultimo.

Questa morale può essere collegata alla filosofia epicurea, che raccomanda di sfruttare al massimo il presente. Inoltre, Oscar crede che "Dio conosca il segreto per essere instancabili e felici". Di conseguenza, il romanzo potrebbe essere visto come un'ode al *carpe diem* (una citazione latina che significa "cogli l'attimo", o "sfrutta al massimo il presente") attraverso il gioco che Nonna Rose suggerisce a Oscar. Gli consiglia di considerare ogni giorno come se fosse lungo dieci anni: lo incoraggia quindi a sfruttare al massimo i giorni che gli restano, anziché rattristarsi per il fatto che sono così pochi.

Inoltre, la filosofia epicurea non teme la morte, perché la morte è solo la dispersione degli atomi che compongono il nostro corpo, che è come tornare allo stato prenatale. Non c'è quindi sofferenza nella morte. Nonna Rose trasmette questa idea a Oscar spiegandogli che non deve avere paura dell'ignoto.

EPICURO

Epicuro era un filosofo greco del IV secolo a.C. Scrisse molti trattati che, purtroppo, non sono giunti fino a noi. Conosciamo la sua dottrina, l'epicureismo, grazie a Lucrezio (poeta e filosofo romano, 98-55 a.C. circa), che la sviluppò nel suo *De rerum natura* ("Sulla natura delle cose").

L'epicureismo viene spesso caricaturizzato come se non fosse altro che la ricerca di un piacere illimitato, eppure il suo obiettivo principale è il raggiungimento dell'*atarassia*, uno stato di tranquillità: si tratta di evitare la sofferenza accontentandosi dei piaceri strettamente necessari per essere felici. L'epicureismo è quindi la ricerca dei piaceri che si possono trovare nella vita quotidiana e che non causano dolore. Da qui nasce l'idea di vivere pienamente ogni giorno.

DAL LIBRO AL FILM

Schmitt ha adattato il suo romanzo in due diverse occasioni: una volta per il teatro nel 2003 e una volta per il cinema nel 2009. In questa seconda occasione, ha apportato diverse modifiche significative alla trama del libro.

Nel complesso, il film è strutturato in modo molto diverso. Nonna Rose, interpretata da Michèle Laroque (attrice francese, nata nel 1960), è molto più giovane che nel libro e si chiama Rose. Ora vende pizze, anche se ha ancora un passato da lottatrice, e all'inizio non ha alcun desiderio di aiutare i bambini malati. Quello che vuole più di ogni altra cosa è sviluppare la sua nuova attività. Tuttavia, si affeziona a Oscar e fa un accordo con il dottor Dusseldorf: se passerà del tempo con il bambino, l'ospedale le comprerà le pizze. Con il passare dei giorni, la donna si affeziona sempre di più a Oscar e lo aiuta ad accettare la sua malattia. Anche se gli suggerisce di scrivere delle lettere, come nel romanzo, la trama del film non è costruita attorno ad esse: sono solo un elemento tra i tanti. Lo spettatore vede l'evoluzione del personaggio nell'accettazione della sua malattia attraverso scene che mostrano la vita di Oscar da un punto di vista esterno.

Nonostante le significative differenze nella struttura, il libro e il film sono in gran parte coerenti tra loro ed è chiaro che si tratta di due versioni della stessa storia.

ULTERIORI RIFLESSIONI

ALCUNE DOMANDE SU CUI RIFLETTERE...

- Nonostante la serietà dell'argomento, l'autore riesce a introdurre un po' di leggerezza nella trama. In che modo? Utilizzate degli esempi per illustrare la vostra risposta.

- Sebbene Oscar e Nonna Rose esprimano i loro pensieri attraverso le lettere, lo fanno anche in altri modi? Utilizzate esempi tratti dal libro per avvalorare la vostra risposta.

- L'autore descrive un tipo di sofferenza molto particolare: quella dei bambini di fronte alla malattia. Che rapporto ha Oscar con la propria malattia?

- Come possiamo dire che la morte non è presentata in modo negativo? Che tipo di filosofia permette all'autore di sviluppare questa idea e come lo fa?

- Perché il rapporto del giovane eroe con Nonna Rose è così importante per lui?

- Oscar ha solo dieci anni, ma vive una vita piena. Quali sono le tappe più significative del suo percorso?

- La spiritualità è un elemento essenziale del libro. Come permette a Oscar di affrontare il suo destino?

- Chi sono gli altri bambini che si trovano in ospedale con Oscar? In che modo gli permettono di strutturare la sua vita lì?

- Oscar ha un modo di esprimersi molto particolare. Quali particolarità linguistiche notate? Utilizzate esempi tratti dal libro per illustrare la vostra risposta.

- Il film del 2009 segue alla lettera il libro? Perché, secondo voi?

ULTERIORI LETTURE

EDIZIONE DI RIFERIMENTO

Schmitt, É-E. (2002) *Oscar e la Dama Rosa*. Parigi: Magnard.

STUDI DI RIFERIMENTO

Éric-Emmanuel Schmitt. (Senza data) *Oscar e la dama rosa.* [Online]. [Accessed 1 October 2016]. Disponibile da: < http://www.eric-emmanuel-schmitt.com/literature.cfm?nomenclatureId=1772&catalogid=811&lang=EN>

Éric-Emmanuel Schmitt. (Senza data) *Oscar e la dama rosa.* [Online]. [Accessed 1 October 2016]. Disponibile da: < http://www.eric-emmanuel-schmitt.com/theatre.cfm?nomenclatureId=1796&catalogid=805>

ADATTAMENTI

Schmitt, É-E. (2003) *Oscar e la dama rosa*. [Opera teatrale]. Parigi: Comédie des Champs-Élysées.

Oscar e la dama rosa. (2009) [film]. Éric-Emmanuel Schmitt, direttore. Francia, Belgio, Canada: Pan-Européenne, TF1 Films, StudioCanal (Francia); Oscar Films, RTBF (Belgio); Cinémaginaire (Canada).

Vogliamo sapere da voi!
Lasciate un commento sulla vostra biblioteca online
e condividete i vostri libri preferiti sui social media!

Perché scegliere Must Read?

Scoprite tutto quello che c'è da sapere su un libro, con i nostri riassunti e le nostre analisi concise e approfondite!

Scoprite il meglio della letteratura sotto una luce completamente nuova!

MUST READ ANALISI DEL LIBRO

Lo straniero

ALBERT CAMUS

MUST READ ANALISI DEL LIBRO

Il Grande Gatsby

FRANCIS SCOTT FITZGERALD

MUST READ ANALISI DEL LIBRO

Una bottiglia nel mare di Gaza

VALÉRIE ZENATTI

MUST READ ANALISI DEL LIBRO

Vorrei che da qualche parte ci fosse qualcuno ad aspettarmi

ANNA GAVALDA

MUST READ ANALISI DEL LIBRO

Il conte di Montecristo

ALEXANDRE DUMAS

MUST READ ANALISI DEL LIBRO

Il profumo

PATRICK SÜSKIND

www.50minutes.com

Sebbene l'editore faccia ogni sforzo per verificare l'accuratezza delle informazioni pubblicate, 50minutes.com non si assume alcuna responsabilità per il contenuto di questo libro.

© 50minutes.com, 2023. Tutti i diritti riservati.

www.50minutes.com

Master ISBN: 9782808689458
ISBN cartaceo: 9782808610858
Deposito legale: D/2023/12603/1365

Copertura: © Primento

Concezione digitale a cura di Primento, il partner digitale degli editori.